El sistema de child support en Estados Unidos.

AF882314

Autora

Jeannette Perez

Prologo

Todo lo escrito en este libro es propiedad intelectual de la autora . Todos los nombres usados, lugares e incidentes son el resultado de expresión libre, experiencia propia de la autora o simplemente ficticios para protección de los personajes usados como ejemplos a los lectores.

Jeannette Perez

El sistema de child support en Estados Unidos

Introducción

Jeannette Perez se lanzó como escritora en el año 2007, Su primer libro "Guía para repara crédito" lo escribió en formato de e-book para ser bajado y leído en computadoras, celulares u otros dispositivos electrónicos, en el año 2011, escribió su segundo libro en ingles titulado "The hidden corruption in the world of construction", este libro lo escribió basado en una experiencia de su vida personal y está disponible en forma de e-book y en forma de libro para ser ordenado por amazon en el internet y disponible en algunas librerías a nivel nacional, en el año 2012, publicó su tercer libro titulado "Amor por una visa", basado en una historia real. Como escritora de este libro, decidió titular este libro "El sistema de **Child Support** en Estados Unidos" ya que es una frase en ingles muy reconocida entre los latinos, para los que no comprenden el significado de child support, esto significa "Manutención de menores", como autora prefirió usar la frase "Child Support", con el propósito de captivar el interés de sus lectores ya que el sistema de manutención de menores es reconocido como "child support"a nivel nacional e internacional. En este libro encontrará muchas explicaciones sobre el sistema, porque fue creado, cuales son las ventajas y desventajas de este sistema, sus derechos, los derechos de menores y los derechos de las madres y padres que tienen la custodia de sus hijos.

En Estados Unidos existe un sistema de leyes para la manutención de menores.

Las leyes del sistema de "Child support" de Estados Unidos fueron establecidas para beneficio de los niños que son hijos desamparados de padres separados o divorciados, también existen millones de mujeres alrededor del mundo que quedan embarazadas sin vivir con su pareja, enfrentándose solas al mundo para criar sus hijos, en la mayoría de los casos, los hombres tienen relaciones sexuales momentáneas con mujeres que luego quedan embarazadas, se desentienden de esas mujeres, las abandonan y pretenden continuar sus vidas sin aportar al mantenimiento de esos niños.

Con tantos niños abandonados alrededor del mundo, en el año 1950, el gobierno federal decidió involucrarse en crear un sistema legal y obligatorio de manutención de menores pagados por la ayuda del gobierno, logrando que el congreso enmendara la ley de ayuda a las familias con hijos a su cargo, requiriendo una ley obligatoria a las agencias estatales de bienestar familiar a notificarles a los funcionarios encargados de hacer cumplir la ley cuando un niño abandonado estaba recibiendo beneficios de estas agencias tales como "Welfare", que ofrece ayuda a las madres o a los padres que estan criando sus hijos solos, sin la ayuda de su cónyuge.

A principio del año 1970, el congreso reconoció el aumento drástico de la gran cantidad de casos sometidos a las agencias estatales de bienestar familiar.

La mayoría de los niños necesitaban ayuda financiera del gobierno debido al fallecimiento de uno de los padres, otros necesitaban ayuda financiera por la separación o el divorcio de sus padres y en muchos casos por simplemente haber venido al mundo para vivir con solo uno de sus padres.

Debido al drástico aumento de los casos, en el año 1975, fue promulgada la ley de "El cumplimiento de Manutención de Niños y el Programa de Establecimiento de la Paternidad". El congreso promulgó esta ley con el propósito de reducir gastos públicos gubernamentales, para el bienestar familiar, logrando así, obtener el apoyo financiero de los padres sin custodia de sus hijos, de forma permanente, creando una ley obligatoria de manutención a todos los padres que abandonaron a sus hijos, logrando con esto que no solamente las personas que aplicaban para ayuda financiera gubernamental se salieran del sistema de ayuda, sino también trayendo beneficios a todos los niños fuera del sistema de ayuda financiera gubernamental y al mismo tiempo para establecer la paternidad para los hijos nacidos fuera del matrimonio.

La legislación de 1975, añadió una nueva enmienda a la Ley de administración del Seguro Social.

Esta ley, según enmendada, autoriza fondos federales que se utilizan para hacer cumplir las obligaciones de manutención mediante la localización de los padres no residentes, dándole así autoridad a este departamento a colectar pagos de manutención de los padres que abandonan a sus hijos.

Desde el año 1981, también se les otorgó el poder a estas agencias de seguro social a poder colectar manutención para ayudar a los padres o las madres que tienen la custodia de sus hijos, incluyendo ofrecerle seguro médico a sus hijos, implementado en 1984.

Debido a la gran cantidad de niños abandonados por uno de sus padres, aunque el gobierno provee ayuda monetaria para ayudar con la manutención de los niños abandonados, se aseguran de mantener en efecto el sistema de “Child support”, empleando castigos severos para los padres o madres que se desentienden de sus hijos, haciendo que sus nombres sean registrados para el publico en estas agencias, quienes tienen el poder de llevar a la cárcel a los padres irresponsables que abandonan a sus hijos.

De esta manera, el gobierno logra recuperar una parte de los billones de Dólares que ellos proveen a las madres y padres que están criando a sus hijos sin la ayuda del otro padre.

Las leyes de child support, varían de acuerdo a las leyes de cada Estado, pero aun así, las agencias a nivel nacional establecieron e integraron un sistema de identificación y ubicación de los padres que se desentienden de sus hijos, creando un programa de enlaces entre todos los Estados para así, poder notificarse unos a otros en que Estado está viviendo un padre o madre que abandonó a sus hijos, también intercambian información de empleo, dirección y cuentas bancarias de esos padres o madres, logrando con esto poder colectar fondos para pagar manutención atrasada que el gobierno les otorgó a los padres o madres que tienen la custodia de sus hijos.

El gobierno estadounidense está implementado cada vez mas, métodos mas efectivos que obligan a los padres a cumplir con la ley de child support, no importa en que parte del país se muden, el gobierno estadounidense tiene el poder de quitarles el pasaporte, otros, tienen el poder de suspender su licencia de conducir, tienen el poder de sacarle el dinero del cheque de su devolución de impuestos, tienen el poder de obligar a las Compañías que contratan empleados a descontarle una cantidad mensual de su sueldo para pagarle al sistema de child support de parte suya.

Logrando con esto recuperar millones de Dólares distribuidos por parte de ayuda gubernamental, logrando también recuperar ayuda de manutención para aquellas madres que nunca solicitaron ni recibieron ayuda gubernamental para la manutención de sus hijos, pero que aplicaron para child support.

Para los padres que están siendo perseguidos por las agencias de child support, muchos están enojados con la madre de sus hijos por haberlos puesto en child support, muchos sienten cierto rencor hacia sus propios hijos, como si ellos fueran culpables de haber sido abandonados, muchos tienen la dicha de jamas ser encontrados por estas agencias, muchos se corren el riesgo de vivir asustados por el resto de sus vidas, con temor a ser encontrados, muchos se casan de nuevo, tienen mas hijos con su pareja actual y se sienten inmensamente afectados por ese gran monstruo llamado "Child support", por donde quiera que buscan no encuentran una salida, éste monstruo los persigue incesablemente, no los deja respirar, los persigue a todas partes y no le queda de otra que empezar a pagar o pasarse el resto de sus vidas asustados y tratando de huir de las leyes.

Ahora les voy a tratar de explicar de una manera sencilla y eficaz una explicación lógica que les haga entender con razonamiento, claridad y sabiduría la importancia del child support y como evitar caer victima de este monstruo.

Todo empieza con un hombre y una mujer, ya sean casados, novios viviendo en casas separadas, amigos por conveniencia, parejas para uso sexual solamente, relaciones extra-maritales, acto de violación sexual, sexo de una sola noche y un sin fin de ejemplos mas, lo cierto es que el acto sexual sin protección nos lleva a tener hijos.

Cuando un hombre y una mujer se aman, se casan o deciden formar una familia juntos, como es costumbre en nuestra sociedad, nuestra intención es unirnos al ser amado por el resto de nuestras vidas, cuando nos enamoramos, jamas pensamos que el amor se acaba, nos casamos o nos unimos pensando que nuestra relación es especial, que es diferente a las demás relaciones y pensamos que jamas nos vamos a separar del ser amado.

Con el transcurso de los años, después de tener uno o varios hijos, empiezan a relucir sentimientos feos en la pareja y por mas que tratamos de mantener nuestra unión, por motivos fuera de nuestro control, llegamos a la conclusión de que para ser feliz, debemos separarnos, muchos nos separamos por la infidelidad de uno de los cónyuges, otros nos separamos porque se nos murió el amor, otros, porque nunca vivimos juntos y no existió un lazo de unión seguro y simplemente nos involucramos sexualmente.

Reconociendo esta gran realidad, viendo a nuestro alrededor la gran cantidad de parejas que se divorcian o se separan a diario, mirando ademas la gran cantidad de adolescentes que están sexualmente activos aun viviendo con sus padres y sin tener un empleo, niñas menores de edad que quedan embarazadas sin pensar en las consecuencias de sus actos, todas estas son cosas que suceden a diario a nivel mundial.

No importa cual sea el caso, la verdad está en que las consecuencias y resultados de nuestros actos con alguien del sexo opuesto casi siempre terminan en lo mismo, en embarazos.

Cuando una mujer queda embarazada, surgen un sin fin de emociones y sentimientos encontrados tanto para el hombre como para la mujer, no importa si una esta casada y vive con su esposo, o si sale embarazada sin estar casada pero vive con su novio, o si queda embarazada accidentalmente, o sale embrazada de un hombre casado, sale embarazada del novio de la mejor amiga, sale embarazada siendo menor o mayor de edad y está viviendo con sus padres, dependiendo de cual sea nuestra situación, esto influye mucho para decidir continuar con el embarazo o detenerlo por medio del aborto.

Muchas parejas no están preparadas materialmente o emocionalmente para tener hijos pero aun así, deciden tenerlos, otros lo desean y procrean sus hijos intencionalmente, el caso es que cuando tenemos hijos se duplican nuestros gastos y nuestra vida cambia de una manera drástica, muchas veces para bien, otras para mal.

Lo que todos si sabemos es que los hijos son criaturas indefensas que no pidieron venir al mundo, es nuestro deber tanto el de la madre como la del padre, proveer para el mejor cuidado de nuestros hijos, tenemos la obligación de alimentarlos, de comprarles ropa, de llevarlos al médico, si trabajamos y no tenemos la dicha de tener un familiar que cuide nuestros hijos.

Debemos pagarle a una niñera para que los cuide mientras trabajamos, luego viene la etapa de llevar a nuestros hijos a la escuela a recibir una educación , en la escuela nos entregan una lista de útiles escolares que debemos comprarle a nuestros hijos para que vayan preparados a la escuela, tenemos que comprarles cuadernos, libros, lápices, lapiceros, bultos, ropa o uniformes, zapatos, abrigos, etc.

Este proceso se repite anualmente por los próximos quince a veinte años. Cuando las parejas que viven juntos tienen hijos y se separan, muchos hombres aprenden a ver con sus propios ojos que para mantener a nuestros hijos es algo que conlleva gastos, aunque muchos padres son responsables y en vez de abandonar a sus hijos a la merced de la pareja, procuran continuar manteniendo sus hijos voluntariamente, muchos lo hacen por amor a sus hijos, muchos por deber de padre, muchos por consideración a su ex-pareja, etc.

También existen padres o madres que abandonan a sus hijos sin mirar atrás, se marchan en busca de una vida mejor, otros que caen en el mundo de las drogas o el alcohol, o se buscan otras parejas, lo cierto es que no importan las circunstancias, la realidad es que a muchos padres jamas se les ocurre pensar en que si sus hijos tienen con que comer o no, si tienen ropa, si tienen zapatos para ir la escuela, si tienen sabanas para calentarlos cuando tienen frío, si están recibiendo cuidado medico, si están siendo abusados, golpeados o maltratados.

Estos padres o madres que abandonan a sus hijos a merced de otros, se convierten en egoístas que solo piensan en si mismos y cuando reciben notificación de que han sido puestos en child support, es en ese momento, cuando se ven con su licencia de conducir suspendida, cuando le sacan el dinero de su cheque de devolución, cuando le quitan el pasaporte o cuando le congelan los fondos de su cuenta bancaria de impuestos, es ahí, cuando muchos quieren entrar en un arreglo de pago con la madre o el padre de sus hijos, es ahí cuando están dispuestos a devolver las llamadas, es ahí cuando quieren hablar con la madre o el padre de sus hijos para suplicar que los saques del sistema, es ahí cuando prometen verbalmente dar una mensualidad para la manutención de sus hijos, una promesa que muy pocos cumplen.

Muchos se enfrentan a la realidad y sin poner excusas empiezan a pagar la manutención que le corresponde, reconociendo que no le queda de otra, otros se ponen furiosos en contra de la persona que los puso en child support y muchos terminan odiando y rechazando a sus propios hijos, los miran como culpables de su desdicha, eliminando para siempre la posibilidad de tener una relación sana con sus hijos.

Si usted es uno de los padres o madres que con gusto mantiene a sus hijos sin esperar que le pidan, lo felicitó, es usted una persona responsable y digna de admirar.

Si usted es uno de tantos padres que tuvo hijos y los dejó abandonados, cómo pretende encontrar benevolencia en sus caminos?. Los padres que abandonan a sus hijos a la merced de los demás, son como labradores que siembran semillas y dejan de mojarlas.

Como pretendes hacer crecer tus frutos, si los abandonas a la tempestad del viento?, cuando sembramos semillas, y de ellas nacen frutos, nuestro deber es darles mantenimiento para que no se sequen. Si plantamos una semilla, debemos mojarla constantemente y debemos ponerla al sol.

Así mismo debemos apoyar nuestros hijos, debemos procurar mantenerlos, hasta que ellos crezcan y se aprendan a defender solos en la vida.

Debemos encaminar nuestros hijos por el buen camino, para que crezcan rodeados de amor y atenciones, que les inculque la seguridad que necesitan para sentirse útil y eficaz cuando se tengan que enfrentar al mundo solos, para que aprendan a asumir sus propias responsabilidades y así puedan contribuir a ofrecer un futuro mejor a sus descendientes.

Muchas personas, cuando se dejan de su pareja, no quieren asumir la responsabilidad de padre por castigar a la pareja, no quieren llevarse sus hijos los fines de semana porque no quieren darle la oportunidad a su ex-pareja a tener tiempo libre para disfrutar, no sabiendo que eso es un acto egoísta, ya que con intención de castigar a su ex-pareja, se están castigando a si mismos y están castigando a sus hijos, creando con esta actitud su propio karma, castigando a los hijos, que no tienen la culpa de los problemas de sus padres. Esto es algo muy común especialmente entre los latinos, sin imaginarse jamas el daño tan grande que le están causando a sus propios hijos.

Como padres tenemos que asumir nuestra responsabilidad y dejar de pensar en nosotros mismos. Tratemos de analizar con razonamiento lo que le sucede a nuestros hijos, cuando empiezan a crecer e ir a la escuela. La escuela, es un lugar, donde llevamos nuestros hijos para recibir una educación, en ella, nuestros hijos aprenden a leer y a escribir, en la escuela, los maestros le enseñan a nuestros hijos a tener responsabilidad, asignándoles tareas, si nuestros hijos hacen sus tareas, son premiados con buenas notas, si nuestros hijos no hacen sus tareas, son premiados con malas notas y es importante que ambos padres los ayuden con sus tareas.

Cuando una madre o un padre tiene la custodia de sus hijos, aparte de que tiene que trabajar para mantenerlos y darle un techo y comida, también tiene que dedicarle tiempo y asegurarse que sus hijos hagan sus tareas escolares, muchas veces es muy difícil para una sola persona llevar este cargo por los próximos quince años de su vida sin la ayuda del otro padre.

No importa si es la mujer o el hombre que queda con el cargo de sus hijos, sea como sea, tiene que trabajar, cocinar, limpiar, lavar, administrar sus facturas, pagar por el cuidado de sus hijos, llevarlos a la escuela, llevarlos al doctor, comprarle sus necesidades básicas.

Cuando tenemos mas de un hijo, la responsabilidad es doble, y muchas veces las personas que quedamos a cargo, nos entra un momento de desesperación si no recibimos la ayuda del otro padre. Muchos terminamos deprimidos por muchos años, cuando los adultos estamos mal, nuestros hijos se ven afectados, llevar la carga de los hijos solos, sin ayuda del otro padre, es como cargar una cruz muy pesada, todas las responsabilidades y decisiones quedan en nuestras manos, cuando nuestros hijos empiezan a ir a la escuela, hacen amigos, se reúnen durante la hora de recreo y conversan sobre su mamá o sobre su papá, y cuando los niños viven con solo uno de sus padres, y escuchan a los demás compañeros conversar con tanto gusto sobre su mamá y su papá, los que no tienen el privilegio de crecer con ambos padres, se sienten mal, crecen con inseguridades, crecen con resentimiento y se les hace muy difícil enfrentar el mundo cuando sean adultos, ya que les faltó en su niñez el apoyo de ambos padres.

Por eso es importante que despertemos a la realidad y procuremos siempre participar en la vida diaria de nuestros hijos, aunque no estén bajo nuestra custodia, debemos procurar hablarles y hacerle saber con hechos que aunque no vivimos juntos, nos importan, los tenemos presente, debemos procurar sacar el tiempo para compartir con ellos, así no solamente le damos oportunidad al otro padre o madre para que tenga tiempo para si mismo, sino que también, lograremos entender la paciencia que hay que tener y el gran esfuerzo que se lleva el atender nuestros hijos.

Si todos los padres , asumimos esa responsabilidad y compartimos tiempo con nuestros hijos , cuando vayan a la escuela, ellos también pueden hablar de “Mi Mami y de mi Papi”.

Lamentablemente cuando nuestros hijos nacen, no vienen al mundo con un manual de instrucciónes para los padres o madres, lo peor de todo es que nadie nace preparado para tener hijos, si nos ponemos a pensar en la gran responsabilidad que se lleva el tener hijos, todos planificaríamos mejor como lo haríamos. Un hijo no es una cosa, no es un objeto que podemos dejar tirado en casa desde que nace, un hijo nos cambia nuestra vida para siempre.

Antes de tener hijos tenemos la oportunidad de trabajar y de complacer nuestros gustos comprando las cosas que queremos comprar, viajando sin preocupación y saliendo con nuestros amigos.

Después que tenemos hijos, nuestra vida cambia para siempre, dejamos de pensar en nosotros para pensar en ellos, dejamos de comprar para nosotros, para poder comprarle a ellos, dejamos de salir con nuestros amigos para atender nuestros hijos, ya no tenemos tiempo para nosotros, para hacer lo que nos gusta, no nos sobra el tiempo para leer lo que nos gusta, para escribir lo que nos gusta, para ver los programas de televisión que nos gustan, muchas madres o padres le cogen resentimiento a sus hijos, ya que por ellos su vida cambia de una manera drástica.

Como si los hijos tuvieran la culpa de que los trajéramos al mundo, esto hace que muchos padres o madres maltraten a sus hijos, cuando nuestros hijos lloran y tratamos por todos los medios de calmarlos y siguen llorando, muchos padres no estamos preparados mentalmente para saber que hacer en esa situación y terminamos desesperados, nos sentimos totalmente inútiles.

No es justo para ningún ser humano tener que enfrentarse a la crianza de nuestros hijos completamente solos, debemos de coger turno para criarlos, para ayudarlo con sus tareas escolares, para llevarlos al doctor, para llevarlos al parque, para llevarlos de compra, para llevarlos de vacaciones. Para procrear hijos, se necesitan de dos personas, un hombre y una mujer, y no es justo que después que nacen, solo uno quede con la responsabilidad de criarlo sin la ayuda del otro, a menos que sea por la muerte de uno de los padres, por eso es que en todos los libros bíblicos o religiosos está ordenado ayudar a las viudas.

Como dice el dicho "Un gustazo, un trancazo", eso mismo es lo que pasa cuando estamos activos sexualmente, ya que quince o veinte minutos de placer, nos traen consecuencias por el resto de nuestras vidas, solo se toma un par de minutos para procrear un hijo y luego nos pasamos el resto de nuestras vidas velando por el bienestar de ellos.

En nuestro diario vivir, nos encontramos con padres o madres que no viven con sus hijos, pero que procuran ser el mejor padre o la mejor madre para sus hijos.

Si usted es uno de esos padres que tiene hijos y no vive con ellos y no pasa el tiempo necesario con ellos, deténgase a pensar por un momento en esa criatura, deténgase a pensar en la carga tan grande y pesada que lleva la madre de sus hijos sola.

Se imagina usted lo que es despertarse de repente con una criatura que depende de usted para todo?, que ya cuando te levantas, ya no puedes dedicarte a ti, sino que tienes una criatura a tu lado que tienes que alimentar, que tienes que bañar, que tienes que vestir y ya jamas podrás salir de tu casa sin esa criatura hasta que crezca?, y aparte de la criatura tienes que preparar un bulto para cargar contigo, la leche, los pañales, el abrigo, el babero, el chupete, la sabana, la crema, el cereal, ropa limpia y todo lo demás?, ahora imagínate lo que es hacer esto por tres años corridos sin tener un día libre de esto?, eso equivale a mil noventa y cinco días corridos paciente o impacientemente repitiendo lo mismo, crees que estarías contento con tu vida si la otra parte responsable de procrear esa criatura no saca ni un solo día de esos mil noventa días para ayudarte?, ahora detente a pensar por un instante, las veces que tienes que dejar a tu criatura a cargo de amigos, niñeras o familiares para salir a trabajar, para salir de compras, para hacer un viaje, para ir a cortarte el pelo, para ir al supermercado a hacer la compra de los alimentos y otras productos esenciales para ti y para tus hijos.

No te gustaría tener una relación madura con la madre o el padre de tu hijo y tener la tranquilidad de saber que esa otra persona que es responsable de haber traído esa criatura al mundo sea la persona con la cual puedas contar para que ayude?.

Tendrás la tranquilidad de saber que tu hijo jamas será maltratado, porque está en manos de su mamá o de su papá y al mismo tiempo se dividen la responsabilidad y la carga entre ambos.

Mantener una amistad madura y eliminando sus problemas personales con la madre o el padre de nuestros hijos es saludable para la mujer, para el hombre y para los hijos. Ayudarse unos a otros es esencial y saludable para el bien de todos.

Pero la realidad de la vida es otra, la mayoría de los padres que no viven con sus hijos se desentienden completamente y luego, quieren el respeto y el amor de sus hijos cuando son grandes.

Cómo un padre que abandona a sus hijos puede pretender ganarse el amor y el respeto de ellos en el futuro así por así?. Acaso crees que tus hijos no vieron con sus propios ojos que tu nunca estabas cuando mas te necesitaron?, que no los viste dar sus primeros pasos, que no te desvelaste cuando estaban enfermos, que nunca los llevaste a la escuela, a un parque, que nunca estabas en su cumpleaños?.

Si los abandonaste cuando tus hijos estaban mas grandes, y te desentendiste de ellos totalmente, acaso crees que tus hijos te pueden respetar y querer como a un padre cuando tu decidas querer estar ahí para tus hijos?, lamentablemente, la vida no funciona de esa manera, el amor de nuestros hijos lo obtenemos por medio de nuestra participación en su diario vivir, no cuando ya son adultos.

Me parece increíble cuando me encuentro con una madre soltera que está criando a sus hijos completamente sola, sin la ayuda del padre de su criatura, y peor aun cuando no solo está completamente sola, sino cuando tiene dos, tres o cuatro hijos. Para poder entender la perseverancia y dedicación que se requiere para criar los hijos, un padre primero tiene que pasarse unos dias con uno, dos, tres cuatro niños, solo así puede entender por lo que pasa una mujer o viceversa.

Existen muchas madres en el mundo entero que por amor, por humildad, por ignorancia y por un sin fin mas de razones, se resignan a criar a sus hijos solas, sin la ayuda del padre de sus hijos y nunca los ponen en el sistema de child support, aun cuando no reciben ni un solo centavo del padre de sus hijos, esas madres, son dignas de admirar. El sistema de child support es tan reconocido en Estados Unidos, que casi todos conocemos a alguien que está en child support, esto es una gran indicación de la cantidad inmensa de niños que han sido abandonados.

Todos los padres o madres que están en el sistema se expresan con rabia cuando hablan sobre el child support, muchos han ido presos, otros no pueden viajar fuera del país, ya que le quitaron el pasaporte, otros no pueden comprar una casa, ya que el child support le aparece reportado en el crédito, otros tienen su licencia de conducir suspendida, los padres o madres que son perseguidos por el sistema de child support, se buscan sus propios problemas, aquí no hay mas culpable que usted mismo, no se crea usted que el hecho de que cuando usted ve a sus hijos una ves al mes y les da un par de monedas, que eso es manutención, mantener a sus hijos es algo que se hace a diario, sus hijos comen a diario, igual que usted, sus hijos visten a diario, igual que usted, sus hijos necesitan un hogar para vivir, igual que usted, calzan a diario, igual que usted.

Usted debe de reconocer, que absolutamente de todo lo que usted necesita para vivir, también lo necesitan sus hijos, y si usted los abandona, la carga recae sobre la persona que está criando a sus hijos y eso no es justo. Tenemos que ser realista y enfrentar la vida reconociendo las cosas como son. Solo usted es culpable de sus actos, usted tiene que tomar responsabilidad sobre sus propios actos, nadie mas lo puede hacer por usted. Existen millones de casos en que los hijos son abandonados por el padre y por la madre, y terminan siendo criados por otros familiares o por sus abuelos, muchos terminan en orfanatos desde que nacen.

Acaso cree usted que es justo, que un hombre y una mujer que tienen hijos se los regalen a sus abuelos, como si fueran una cosa?, o sea, que los abuelos que no tuvieron nada que ver con la creación de sus hijos, de repente tengan que dedicar veinte años mas de sus vidas, criando sus nietos?, y lo peor de todo tiene usted las agallas llenarse la boca de orgullo refiriéndose a ellos como “mis hijos”, recuerde muy bien, padres no son los que engendran, padre es el que los cría.

Solo tenemos que ver todos los ejemplos a nuestro alrededor, aquí les voy a poner el ejemplo de un amigo llamado Ricardo.

Hace veinte años, Ricardo se enamoró de Susana cuando apenas tenía veinte años, Ricardo tenia un buen trabajo, se casó con la mujer de sus sueños, juntos compraron la casa de sus sueños, tuvieron dos hijos, primero un varón, luego la hembra, eran felices, tenían todo lo que supuestamente se necesita para ser feliz, un buen empleo , la casa, los hijos, los carros, etc.

En el verano, cuando los niños no tenían que ir a la escuela, se iban de vacaciones en familia y la pasaban de maravillas, los niños regresaban a la escuela para compartir con sus amigos todo lo que hicieron en el verano con su mami y su papi. Cuando los niños apenas tenían cinco y seis años y ya estaban acostumbrados al amor de sus padres, su mundo se vino abajo cuando su madre los abandonó, así no mas, Susana cayó victima del mundo de las drogas, abandonando a su esposo y a sus hijos y solo aparecía cuando necesitaba dinero para satisfacer su adicción, Ricardo quedó solo y destruido, los niños sufrieron la partida de su madre sin jamas entender el porqué y esto les creo problemas emocionales que los perseguirán por el resto de sus vidas.

Al pasar los años, Ricardo un dia decidió querer olvidar y empezar de nuevo, le llevo los niños a sus abuelos maternos y se marchó, les aseguró a sus hijos que iba en busca de un mejor futuro y que el estaría ahí para lo que sus hijos necesiten, que pronto vendrá por ellos, que los llamará a diario y les enviará dinero, se mudó para otro Estado y al llegar allí, sus planes no le salieron como el pensaba, duró varios años viviendo arrimado en la casa de sus padres y consiguiendo empleos temporarios donde no ganaba lo suficiente ni para él mismo mantenerse, jamas volvió a mirar atrás, solo llamaba a sus hijos un par de veces al año, nunca mas los volvió a ver.

Los abuelos que quedaron a cargo de los niños, siendo ya dos ancianos con poca fuerzas para luchar, tuvieron que empezar a criar a esos niños como si fueran suyos, a llevarlos a la escuela, a darles de comer, a calzarlos y comprarle ropa, los gastos de la casa aumentaron, ellos no recibían ayuda del gobierno para su sustento y al poco tiempo de verse enfrentados a esa realidad, decidieron poner a Ricardo en el sistema de child support.

Ricardo ya está viviendo un poco mas estable, ya consiguió un empleo en el que gana lo suficiente para vivir en una habitación rentada, se puede comprar sus alimentos y se compró un carro, pero según él, no gana lo suficiente para poder enviarle dinero a los abuelos que se quedaron a cargo de sus hijos, ya pasaron quince años y Ricardo no puede viajar fuera del país, el gobierno le quitó el pasaporte, ha tenido varias relaciones con otras mujeres que lo terminan botando cuando se enteran de que es perseguido por el sistema de child support, no se puede comprar una casa hasta que pague la deuda de child support que le aparece reportada en su reporte de crédito por un total de noventa mil Dólares.

Ricardo sabe y está consciente que el haber abandonado a sus hijos es algo que trae consecuencias, especialmente en Estados Unidos, que te persiguen por el resto de tu vida.

Ricardo a parado en la cárcel varias veces y cada vez que lo arrestan tiene que buscar cientos de Dólares para salir en libertad, lo irónico de todo esto es que de una manera u otra, las veces que ha parado en la cárcel por child support, siempre aparece el dinero para salir en libertad, no se sienta a analizar que ese mismo dinero lo puedo haber utilizado para mantener a sus hijos y se hubiera evitado parar tras las rejas, el creó su propio karma, lo mas irónico de todo es cuando lo escucho hablar sobre sus hijos, se dirige a ellos como "Mis hijos esto o mis hijos lo otro".

Cuales hijos por el amor de Dios?, como se atreve a llamarlos "Mis hijos"?, le pudiera dar vergüenza mencionar sus hijos con orgullo si cuando estaban pequeñitos los abandonó.

En este planeta, toda acción tiene su reacción, ésta es la ley de la vida, por mas que deseamos tener el control de las cosas, hasta que usted no logre entender como es que funciona y por qué, hasta que usted no aprenda a tener disciplina, no puede pretender recibir cosas buenas a cambio.

Para lograr hacerle entender a muchos la importancia del sistema de child support, vamos a poner las cosas a un lado y en vez de hablar de las necesidades de un hijo, de un ser humano, vamos a hablar de cosas, cosas que obtenemos y que requieren de mantenimiento, y estoy hablando de cosas materiales, no de las necesidades de un ser humano.

Absolutamente todo lo que obtenemos en esta vida nos cuesta, de una manera u otra, si usted no tiene la dicha de ser rico de cuan y usted como la mayoría, tiene que trabajar y depender de un sueldo para subsistir y en algún momento de su vida usted quiere comprar una casa, primero tiene que ahorrar, para ahorrar, usted tiene que disciplinarse en su manera de manejar sus ingresos, tiene que dejar de salir, tiene que dejar de comprarse ropa, tiene que dejar de participar en muchos de los eventos a los cuales es invitado y se le pueden pasar muchos años para poder ahorrar lo suficiente para tener los ahorros requeridos para poder comprar su casa. Después que usted logra el sueño de tener su casa, ahora vamos hablar del mantenimiento, para que su casa esté siempre bonita usted tiene dos opciones, por ejemplo; tiene que darle mantenimiento al jardín, para hacer esto usted tiene que pagarle a un jardinero mensualmente o usted tiene que romperse la espalda y hacerlo usted mismo, para hacer esto, si lo hace usted mismo, usted tiene que comprar las herramientas con la cual podra darle el mantenimiento, ya esto le cuesta dinero, cada ciertos años tiene que refrescar la pintura de su casa por dentro o por fuera, de lo contrario con los años, por la lluvia, el viento y causas de la madre naturaleza su casa se va deteriorando y perdiendo su color, si usted decide pintar usted mismo, usted tiene que comprar pintura y otros utensilios necesarios para poder pintar su casa, esto le cuesta dinero, tiene que darle mantenimiento a la tubería del agua que recibe en su hogar, etc.

Cuando se le daña algo en su casa, ya sea el aire acondicionado, se rompe una tubería , un fregadero se derrumba, el piso se rompe, una escalera se pudre, etc., usted tiene que invertir dinero para reparar todo esto. Lo que le quiero decir con éste ejemplo es, que si algo material, como una casa, es algo que para mantenerse bonita y agradable necesita de su dinero , de sus sacrificios y de su atención, que no será un hijo suyo, que usted haya abandonado?.

Si usted compra un auto para transportarse, también tiene que darle mantenimiento, si lo usa todo el tiempo y jamas le da mantenimiento, el que pierde es usted a la corta o a la larga, su auto dejará de funcionar, para que el auto le devuelva a usted tranquilidad económica y tranquilidad de uso, usted tiene que cambiarle el aceite cada tres meses, tiene que cambiarle las llantas cada cierto tiempo, tiene que lavarlo por fuera, limpiarlo por dentro, tiene que llevarlo al taller de mecánica cada vez que el vehículo le traiga problemas, que significa ésto?, que un auto es algo material y para devolvernos la paz y la tranquilidad que queremos recibir de el, debemos darle mantenimiento, y si un auto necesita de nuestra atención para sernos útil y solo invirtiendo en el es que obtenemos ese resultado, como abandonamos a nuestro hijos a criarse solos sin nuestro mantenimiento?.

Si usted siembra semillas en su jardín, o si usted compra plantas para su hogar, para que sus plantas crezcan y luzcan bellas, usted tiene que darles mantenimiento, tiene que comprar abono, eliminar las malas hierbas que nacen para destruirlas, alimentarlas con agua y colocarlas en lugares donde pueda recibir los rayos del sol, obviamente, tener plantas y flores también nos cuesta, o nos cuesta pagarle a alguien para que las cuide y las mantenga o nos toca hacerlo nosotros mismos.

Qué pasa si usted se descuida de sus flores y sus plantas?, la respuesta es obvia, se secan y se mueren y no les darán frutos, por lo tanto, si algo que para muchos puede parecer tan sencillo e insignificante como las plantas o las flores, necesitan de nuestro mantenimiento para sobrevivir, que nos hace creer que nuestros hijos no nos necesitan para sobrevivir y como podemos pretender recibir el amor de nuestros hijos en el futuro, si no le dimos nada a cambio para recibir de ellos su amor, si cuando mas nos necesitaban los abandonamos?.

Para todo en la vida uno recibe de acuerdo a lo que uno da, mientras mas damos, mas recibimos, mientras menos damos, menos recibimos, es la ley de la vida. Tenga en cuenta que todos estos ejemplos de los que les hablo, decidí escribirlos en este libro para hacerles ver las cosas desde otro punto de vista, para muchos puede parecer sin sentido e insignificante, para otros puede ser que les sirva de orientación o les sirva para entender las cosas mejor.

Ahora les voy a hablar sobre nosotros mismos, nuestro estilo de vida, nuestro propio cuidado.

Para un ser humano poder estar bien todo el tiempo, necesita de muchas cosas, necesita alimentarse bien, dormir bien para descansar y tener energía al día siguiente, para verse bien debe darle mantenimiento a su pelo, a su piel, cortarse las uñas, rasurarse, tomar agua, etc. Si nos llevamos del gusto de nuestro paladar y nos alimentamos con alimentos dañinos, nuestro cuerpo reacciona de acuerdo a lo que le damos, si nos gusta comer alimentos fritos o grasosos, tomamos soda en vez de agua, el resultado es que engordamos, nuestra piel se mancha, las toxinas abundan en nuestros cuerpos, atraemos enfermedades del corazón, del hígado, de los riñones, cáncer, erupciones en la piel, etc.

El resultado de nuestro bienestar corporal varia en la manera de alimentarnos. El buen resultado depende de los alimentos que consumimos. Si nos educamos un poco sobre los alimentos que nos benefician y aprendemos a dejar la glotonería a un lado y nos dedicamos a darle a nuestro cuerpo, frutas, verduras y ensaladas, pescado, carne a la parrilla, nueces, granos, trigo, y tomamos mucha agua, el resultado es saludable, tenemos brillo en la piel, cabello saludable y todos nuestros órganos funcionan en armonía, ya que nos estamos alimentando de acuerdo a la nutrición que nuestro cuerpo requiere para funcionar mejor.

Si nuestro propio cuerpo reacciona de acuerdo a lo que consumimos, que será del bienestar o malestar de nuestros hijos si los abandonamos y no los enseñamos?. Si nos vence la pereza y después de alimentarnos nos sentamos a ver televisión, los alimentos ingeridos se convierten en grasa en vez de energía, provocando que nuestro cuerpo se deteriore con el tiempo, nuestra postura se va doblando con los años, engordamos, nuestras piernas se llenan de grasa, nos sentimos siempre cansados y si caminamos un rato y subimos escaleras, sentimos que nos falta el aire, ésto se debe a la falta de ejercicios. Ahora, si he utilizado este ejemplo que quizás hace que usted se pregunte, que tiene que ver esto con el child support?, es simplemente una manera de hacerle ver a usted que cada acción tiene su reacción, que si para nosotros mismos poder sobrevivir y vivir una vida plena, la vivimos de acuerdo al mantenimiento que nos damos cada uno a nosotros mismos y que por lo tanto, así como nosotros necesitamos darnos nuestro propio mantenimiento, cómo es que abandonamos a nuestros hijos que nos necesitan para recibir su mantenimiento, hasta para los alimentos, ya sean buenos o malos, la cosa es que nos necesitan a diario, igual que cada uno de nosotros, por eso existe el child support, porque muchos padres o madres no se sientan a analizar que sus hijos los necesitan y si usted los abandona, el gobierno los ayuda, pero lo va a perseguir a usted por el resto de su vida, porque usted no puede traer hijos al mundo, abandonarlos y seguir viviendo como si nada hubiera pasado, un hijo o mas hijos son una semilla sembrada por nosotros, después que nuestras semillas brotan, no debemos tratarlas como las semillas de una flor y dejarla que se seque, debemos darle mantenimiento a nuestros frutos hasta que nuestros frutos crezcan y se sepan mantener por si mismos.

Por esto es importante que los jóvenes se orienten sobre las responsabilidades que nos vienen cuando tenemos hijos, es importante que las mujeres y los hombres entiendan que aunque los niños son graciosos y muchos decimos que un niño es una bendición de Dios, cuando tenemos hijos, no todo es color de rosa, nuestra vida cambia por completo, ya no trabajamos para nosotros, sino para ellos, ya no podemos salir a bailar cada vez que queremos, al menos que tengamos la dicha de vivir con nuestros padres que nos cuidan a nuestros hijos, mientras los abandonamos para ir a divertirnos, lo cual tampoco es bueno, nuestros hijos son nuestra responsabilidad y querer salir de ellos para salir a divertirnos los fines de semana no es justo para ellos, ya que nos pasamos trabajando la semana entera y los fines de semana cuando podemos compartir mas tiempo con ellos los dejamos al cuidado de otras personas, aunque usted no lo crea, los hijos siempre recordaran esos dias que les faltamos, no es que tengamos que dejar de salir, sino dedicarles mas fines de semana a nuestros hijos que a la calle y a los amigos.

Un comportamiento por el cual nuestra sociedad está atravesando es en la insistencia de vivir para impresionar a los demás en vez de vivir para nuestros seres queridos, nuestros hijos. Existen millones de personas alrededor del mundo que tienen hijos sin estar preparados mentalmente, emocionalmente o económicamente y consideran a sus propios hijos como obstáculos que le impiden disfrutar de la vida con sus amigos, les impide irse de vacaciones cada vez que quieran, buscan todas las excusas posibles para dejar los hijos al cuidado de los abuelos, hermanas o hermanos para ellos salir a embriagarse con amigos los fines de semana y lo peor de todo es que al dia siguiente, cuando tienen que levantarse temprano para atender a sus hijos, al estar cansados y trasnochados, pagan su rabia con sus hijos, por el trasnoche los hijos se convierten en obstáculos, no nos dejan dormir y en vez de darles amor, los terminando maltratando.

Muchos se olvidan totalmente del dicho “Hoy por ti, mañana por mi”, se lamentan en su vejez, cuando se ven solos, abandonados por los hijos que abandonó, sin nadie que les de amor, que les brinde ternura, que los cuide cuando estén ya viejos, enfermos y cansados, simplemente están cosechando lo mismo que sembraron.

Algo que muchos padres que tienen a sus hijos prácticamente abandonados, cuando hablan con las madres de sus hijos y terminan discutiendo, no comprenden, que como madres, no solamente necesitamos la ayuda económica para sacar nuestros hijos adelante, sino que la participación del padre es importante para el estado emocional de sus hijos, queremos que el padre de nuestros hijos le dedique tiempo , comparta con ellos, los lleve al parque, los escuche si ellos tienen preguntas, se involucre con sus maestros, participe en reuniones escolares, los haga sentir especial e importante en sus vidas, tanto la madre y el padre deben de estar presente en las actividades de sus hijos, para contribuir a que crezcan mentalmente saludables y emocionalmente estables.

Si usted tiene hijos, y por circunstancias de la vida los abandonó, y usted está en el sistema de child support, no culpe a la madre, al padre o a sus hijos por sus actos, reconozca que usted falló como padre o madre y rectifique sus errores, el karma del child support lo puede perseguir de por vida, ignorándolo y huyendo de las autoridades no le permitirá tener la libertad de vivir libre, aunque no esté tras las rejas, siempre se sentirá atrapado.

Si usted tiene hijos y los dejó abandonados pero usted ha tenido la suerte de que no lo han puesto en el sistema de child support, tome conciencia de sus actos y asuma sus responsabilidades para con su hijos, pase tiempo con ellos, trabaje para ayudar a su ex-pareja con el sustento alimenticio, físico y educativo de sus hijos, procure ayudarlos a crecer en un ambiente emocional balanceado, debe involucrarse con sus asuntos escolares, procure llamarlos constantemente, tienda una mano amiga a la madre de sus hijos, dándole el apoyo y la ayuda que ella necesita para darles un futuro mejor a sus frutos.

Comparta con ellos cuando están de vacaciones de la escuela en el verano, para que sus hijos también tengan la dicha de poder hablar de su mami y su papi cuando regresen a la escuela y compartan con sus amigos las alegrías y experiencias del verano.

Muchas mujeres, se dejan de sus esposos por infidelidad, se quedan solas criando sus hijos y por despecho, no le permiten al padre ver a sus hijos, esto le hace mucho daño a todos los involucrados;

-A ella misma, porque por su ignorancia les está quitando el derecho a sus hijos de compartir con su papá.
-Al padre, porque aunque él tenga buenas intenciones para sus hijos, por la actitud de la madre, el se desentiende por completo de sus hijos.
-A sus hijos, porque por despecho de su madre, les quitó el derecho de crecer teniendo el amor de su papá.

Si una mujer con hijos, se separa de su pareja por infidelidad, su mayor empeño debería ser, asegurarse que el padre asuma sus responsabilidades de padre y participe en la vida de sus hijos el mas tiempo posible. Nuestros hijos no tienen la culpa de nuestros tropezones, debemos madurar y buscar lo mas lógico para el bienestar emocional de nuestros hijos.

Muchas mujeres se separan del padre de sus hijos, cuando se enteran de que su pareja tiene otra mujer embarazada, esta actitud es completamente normal, la infidelidad es la causa mayor de divorcio y separación a nivel mundial, muy pocas de estas mujeres, se dedican a criar a sus hijos solas sin volverse a involucrar jamas con otro hombre para no darle otro padre a sus hijos.

Otras mujeres se separan de su pareja, luego se sienten solas, se involucran una y otra vez con distintos hombres, trayendo mas hijos al mundo de distintos padres, ellas crean su propio karma.

Otras mujeres son infieles, tienen hijos de otro hombre y su pareja actual cree que los hijos son suyos para enterarse años después que criaron hijos ajenos.

Otras mujeres, se separan de su pareja por infidelidad, se unen a otro hombre que la representa ante la sociedad, este otro hombre pasa a ser el padrastro de sus hijos, le da seguridad emocional y económica y al transcurrir los años, ese hombre también le termina siendo infiel y para evitar pasarse la vida en eso termina aceptando las infidelidades del segundo marido.

Otras mujeres tienen hijos de un hombre sin vergüenza, sin escrúpulos y con los años tienen la dicha de encontrar un buen hombre que la ama y le cría sus hijos como si fueran suyos.

Lo cierto es que entre un hombre y una mujer, no hay felicidad completa, al fin y al cabo llegamos a la vejez para darnos cuenta que cometimos errores, que no perdonamos a quien debimos perdonar, que no le dimos lo mejor de nosotros a quien se lo debimos dar, toleramos cosas de quien no las debimos tolerar, nos vamos enredando nudos que luego son imposibles de desatar, los hijos son lazos atados que nos atan de por vida, procuremos mantener los lazos de nuestros hijos con sus padres.

Hace unos meses, me encontré con la historia de una mujer de 58 años, publicó en el internet sus arrepentimientos como madre, confesó que se había casado muy joven, tuvo dos hijos, pero siempre estaba trabajando y cuando llegaba a casa cansada, les daba de cenar y los acostaba temprano para ir a la escuela, los fines de semana, los dejaba en casa de sus abuelos, hermanas o al cuidado de amistades para salir a divertirse con sus amigas y mas amigos, lo único que le importaba era trabajar para lucir bella, para andar en un auto de lujo, para irse de vacaciones varias veces por año, para impresionar a los demás, vivió todos esos años pensando solo en ella, sus hijos eran un obstáculo para ella y por eso procuraba pasar el menor tiempo posible con ellos, su excusa favorita para deshacerse de sus hijos era siempre que tenía que trabajar y tenia otras cosas importantes que hacer, al no pasar tiempo en casa porque sus amigas y la calle eran mas importante,

Su esposo terminó marchándose y la dejo sola con sus hijos, eso fue de mejor excusa para ella siempre dejar los hijos a cargo de otras personas, mientras ella salia a divertirse, ahora confiesa que está totalmente arrepentida de no haber estado ahí para sus hijos cuando mas la necesitaban, en su caso, ella les daba el sustento económico, pero le faltó darle lo mas importante, el amor y las atenciones de madre especialmente los fines de semana que eran los únicos dias que tenia la oportunidad de cuidar y darle amor a sus hijos y no lo hizo, también todos los veranos, cuando sus hijos estaban de vacaciones escolares, los mandaba bien lejos a quedarse con sus abuelos, ahora diera lo que no tiene para poder tener a sus hijos con quien compartir sus veranos.

Ahora sus hijos son adultos, hicieron sus propias vidas, no la buscan, no la llaman, no le rinden cuentas de sus vidas, no comparten con ella los dias festivos que los demás comparten en familia, no forman parte de sus navidades, no la invitan para celebrar del dia de acción de gracias, no la dejan formar parte ni compartir con sus nietos, solo la llaman cuando necesitan ayuda financiera, después de todo, eso era lo único que ella les daba cuando estaban creciendo, ahora ella se siente vieja y cansada, sus amigas y amigos tomaron su propio rumbo e hicieron sus propias vidas, ahora ella se siente muy sola, sin amigos, sin su esposo y sin el amor de sus hijos, nos cuenta que si ella pudiera retroceder el tiempo, viviera solo para sus hijos, no hubiera trabajado tanto para impresionar a los demás, sino que hubiese jugado su papel de madre compartiendo todo el tiempo posible con sus hijos, los fines de semana procuraría compartirla solamente con sus hijos porque hoy, que está sola, sin el amor de sus hijos reconoce que lo mas importante para un ser humano debe ser, el vivir en completa devoción a su familia, amigos hay muchos que vienen y se van, familia es una sola y cuando la pierdes, llegará el momento en el cual te veras completamente solo.

Con esta historia logramos entender muchas cosas, una es , que muchos dan dinero pero no dan amor a sus hijos pero a su vejez no tendran el amor de sus hijos , otra es que muchos no les dan el sustento ni el amor y con los años pretenden recibir el sustento y el amor de sus hijos, por eso dicen que hay que sembrar para cosechar, no importa tu situación en tu vejez, sea cual sea esa situación, simplemente estas recibiendo los frutos de lo que sembraste en tu juventud, si sembraste amor y atenciones, cosecharas una vejez rodeada de amor y atenciones.

Todos conocemos a muchas familias que permanecen unidas en las buenas y en las malas, parejas que tienen hijos y permanecen toda su vida juntos hasta que la muerte los separe, estas parejas son dignas de admiración y con esto logran inculcarle a sus hijos el valor de lo que es una familia.

Lamentablemente, esas parejas son muy escasas en estos tiempos, esto contribuye a la poca tolerancia con la cual estamos criando nuestros hijos, ya que al ellos crecer en un ambiente en donde sus propios padres se separaron, para ellos es completamente normal escoger el mismo camino y seguir los pasos de sus padres.

Si usted no vive con sus hijos, no significa que usted tiene que dejarlos abandonados, usted debe procurar llamarlos, buscarlos y pasar tiempo con ellos, darles mucho amor y ayudar a la madre o al padre de sus hijos con el sustento económico que ellos necesitan para poder ver a sus hijos crecer sanos y saludables.

Si su ex pareja, la madre o el padre de sus hijos no le permite a usted ver a sus hijos, no importa por las razones que sea, usted tiene todo el derecho de buscar la manera de involucrarse con sus hijos, si tratando de conversarlo no le trae resultados, usted puede presentarse en su corte local de casos de familias y hacer la petición ante un juez quien le otorgará el derecho legal de formar parte de la vida de sus hijos.

Si usted está en el sistema de child support, y no está pagando ni tiene intenciones de pagar, sepa que mientras usted viva en los Estados Unidos, usted seguirá siendo buscado y perseguido por el resto de su vida, aun después que sus hijos sean mayor de edad, mayor de 21, ya que el gobierno no está detras de usted por el mantenimiento de sus hijos cuando son mayor de edad sino por la deuda atrasada de no haberlos mantenido económicamente cuando eran menor de edad.

Si usted contribuye al sustento de sus hijos voluntariamente, y usted contribuye en efectivo, si en un futuro a usted deciden ponerlo en el sistema de child support, usted no tiene pruebas a su favor que comprueben que usted estaba contribuyendo al sustento de sus hijos, logrando con esto, que el juez ponga en el sistema de child support, esa deuda atrasada y por mas que usted trate de aclararlo, no podrá.

Para evitarse ese inconveniente en el futuro, procure que la ayuda económica que usted le pasa a sus hijos, sea pagada con cheques o giros postales, asi usted tiene documentos bancarios o comprobantes de giros postales en dado caso que en algún momento usted sea puesto en el sistema de child support.

También si usted está pagando demasiado porque el sistema de chld support le está cobrando child support basado a un empleo anterior en el cual usted ganaba mas de lo que está ganando actualmente, usted puede presentarse en corte y pedir una modificación de su child support basado en la cantidad de ingresos que usted tiene en la actualidad y aunque usted no lo crea, existen muchos casos en la que el juez le dicta un pago mensual mas cómodo al pago exigido en el pasado.

Usted tampoco tiene que esperar que la madre o el padre de sus hijos lo pongan en el sistema de child support, usted puede ir voluntariamente a la corte y contarle al juez su caso, le muestra comprobante de sueldo y basado en eso el juez lo pone a pagar el mantenimiento de sus hijos voluntariamente y en este caso casi siempre usted terminará pagando menos cantidad mensual de la que usted pensaba que tendría que pagar, mientras al mismo tiempo usted está cumpliendo voluntariamente con la ley de la manutención de sus hijos y está satisfecho con usted mismo de saber que aunque sus hijos no viven con usted, usted está cumpliendo como padre responsable que está proveyendo para el sustento de sus hijos.

Son muy pocos los casos en que después que usted ha sido reportado al sistema de child support, su caso es eliminado y cerrado solo si la persona que lo reportó al sistema se presenta en la corte y cierra el caso en su contra.

Son muchos los casos que existen en los cuales las madres de sus hijos no quieren causarles el daño de que el padre de sus hijos sea perseguido de por vida por el sistema de child support y muchas madres terminan criando a sus hijos solas, con su propio esfuerzo sin jamas pedir ayuda.

Muchas madres aunque no lo quieran hacer, no les queda de otra que acudir al sistema de child support, ya que con el sueldo que ganan no es suficiente para poder darles el sustento necesario a sus hijos y tarde o temprano terminan acudiendo al sistema para que sus hijos puedan sobrevivir. Usted puede evitarse todo esto si contribuye a la manutención de sus hijos voluntariamente y mensualmente, comprendiendo que sus hijos necesitan de la cooperación de ambos para recibir sus necesidades básicas mientras son menores de edad.

Muchas madres, se las ingenian para criar a sus hijos sin ayuda y aunque nunca logren recibir ayuda con o sin el sistema de child support, lo único que les interesa es que el padre participe en el crecimiento de sus hijos, para que sus hijos crezcan rodeados del amor del padre y crezcan emocionalmente balanceados, lo que les va a servir de mucho para enfrentarse al mundo cuando sean adultos, ya que tendran la seguridad emocional que los ayudará a tener éxito en la vida.

Recuerde bien, que asi como usted necesita de alimentos diarios, asi como usted necesita un techo sobre su cabeza, un hogar, abrigos, zapatos, cuidado medico y sobre todo usted también necesita amor, exactamente todo esto que usted necesita para vivir, sus hijos también lo necesitan y si usted que los engendró, los deja abandonados, crealo o no existe lo que le llaman “Karma”.

Solo mire a su alrededor, mire los ejemplos que nos muestran los demás, con cada persona que usted conoce, mire de donde vienen, si se criaron con sus padres, si son huérfanos, se criaron con la madre, con el padre, con sus tías, tíos, abuelos, abuelas, adoptados, etc.

Ahora mire de acuerdo a como esas personas se criaron, si ya tienen sus propios hijos, como los están criando?, tienen tiempo para ellos?, o se ven frustrados por la responsabilidad que llevan sobre sus hombros?, mire el comportamiento de las madres y los padres hacia sus hijos, los están tratando con amor o se ven frustrados porque sus hijos se han convertido en obstáculos que les impiden superarse en lo que ellos soñaban con alcanzar y ahora no pueden por la responsabilidad que tienen hacia sus hijos?.

Millones de personas a nivel mundial se crearon su propio karma, muchas madres se dedican toda su vida a vivir para sus hijos, millones de madres mas se pasan dejando sus hijos al cuidado de otros para ellas divertirse, esas están creando su propio karma.

el karma de child support no es quien lo persigue, tarde o temprano la ley del karma universal lo encontrará sin usted estarlo esperando, ojo por ojo, diente por diente, hoy por ti, mañana por mi, cosecharas los frutos en tu vejez de lo que sembraste en tu madurez.

Si es usted una madre soltera, divorciada o separada, y el padre de sus hijos la abandonó a la intemperie y no le está ayudando a mantener a sus hijos, usted está en todo su derecho de exigir la manutención de sus hijos por medio de la ley, las leyes fueron creadas para hacer justicia, no es justo para ninguna madre o padre tener que cargar con la gran responsabilidad de criar a sus hijos completamente sola, cuando en sus momentos de placer, cuando usted engendró a sus hijos, lo hizo con la participación de otra persona, por lo tanto, la responsabilidad es de ambos, muchas mujeres por pena, por inseguridades, por temor, no ponen a los padres de sus hijos bajo el sistema de child support, muchas porque piensan que les están haciendo un daño, ahora piense usted, mas daño se hace usted misma y le causa a sus propios hijos cuando no recibe la ayuda necesaria para el sustento de sus hijos. Mientras usted se sacrifica para darle todo lo que usted puede a sus hijos, el padre de sus hijos vive feliz por el resto de su vida gastando su sueldo en otras mujeres, en otros hijos, en viajes, en alcohol, en apuestas, en carros, en barras, en club nocturnos, etc.

Si el padre de sus hijos no le está ayudando a usted voluntariamente, no se sienta culpable por el daño que usted le podría causar si lo reporta al sistema de child support, no fue usted quien impuso la ley, la ley fue impuesta por un gobierno que está protegiendo a sus hijos con justicia.

FIN

Otros libros por la autora Jeannette Perez

Guía para reparar credito. 2007

The hidden corruption in the world of construction. 2010

Amor por una visa. 2012

Esos libros los puede ordenar por internet de su librería de internet favorita y muchas librerias locales a nivel nacional.

Made in United States
North Haven, CT
04 November 2026

21771771R00028